TWÓJ PIERWSZY STARTUP

Przewodnik Po Startupach, Od Pomysłu Do Uruchomienia

Wayne Walker

SPIS TREŚCI

Zrzeczenie się odpowiedzialności

Rady i strategie zawarte w tej książce są oparte na moich osobistych doświadczeniach oraz wyborach inwestycyjnych i mogą nie być odpowiednie dla Twojej sytuacji.

WSTĘP

Moja motywacja do napisania tego poradnika jest podobna do motywacji z moich innych prac, gdzie z praktycznego doświadczenia wiem, iż nie potrzeba 200 stron, aby wytłumaczyć komuś jak zrobić coś skutecznie. Z doświadczenia płynącego z prowadzenia dochodowego biznesu wiem też, iż nie potrzebuję 200 stron, aby podzielić się esencją prowadzenia biznesu. Wiele osób może się teraz ze mną nie zgodzić, lecz nie jest to dla mnie istotne. Jestem wielkim zwolennikiem cytatu Gandhiego: "*Jedna uncja praktyki jest warta więcej niż tony kazań*".

WAYNE WALKER KRÓTKA BIOGRAFIA

Aby moje słowa i pomysły nabrały większego znaczenia, niezbędny jest szybki przegląd mojej historii. Jestem dyrektorem i właścicielem GCMS, firmy doradczej i szkoleniowej w zakresie rynków kapitałowych.

To nie jest autobiografia (jestem na nią za młody). Urodziłem się na Jamajce, a zostałem wychowany w Nowym Jorku przez rodziców, którzy robili wszystko co w ich mocy, aby wychować mnie jak najlepiej. Podobnie jak wielu innych z tamtego pokolenia poświęcili się, aby ich dzieci miały możliwości, które były dla nich niedostępne, za co jestem im dozgonnie wdzięczny. Studiowałem na uniwersytecie w Buffalo w Nowym Jorku i San Diego w Kalifornii.

Obecnie mieszkam w Europie, co jest przygodą samą w sobie i jednocześnie materiałem na mój trzeci przewodnik. Myślałem, że socjalizm został wymazany z planety, ale ku mojemu zdumieniu żyje i ma się dobrze, dając niektórym ludziom możliwość jazdy na gapę, ponieważ są oni uprawnieni do wszystkiego "*za darmo*".

Przed założeniem firmy byłem szefem zespołów Doradców Inwestycyjnych w Saxo Bank (Kopenhaga), jednym z pionierów bankowości inwestycyjnej online i handlu elektronicznego. Było to naprawdę wyjątkowe miejsce do pracy. Każdy dzień był dosłownie lepszy od dnia poprzedniego. Ludzie zarabiali dobre, a w niektórych przypadkach bardzo wysokie pensje.

Byłem 140 pracownikiem w banku, który po mojej rezygnacji rozrósł się do około 1500 osób. Jak się możesz domyślić, poznałem tam wielu nowych ludzi. Ludzie, których poznałem, byli absolutnie niesamowici. Po dziś dzień współpracuję z wieloma byłymi kolegami z Saxo przy różnych projektach.

Ciężko pracowaliśmy i dobrze się bawiliśmy. Tak, trzeba było włożyć w pracę bardzo wiele godzin i wysiłku, ale wraz z rodziną smakowały nam owoce tej pracy, więc nie ma kompletnie na co narzekać.

Problemy rodzinne są częścią życia w bankowości inwestycyjnej, w której chętnie korzystałem z każdej możliwej okazji. Prowadziłem seminaria na pięknych Karaibach, szkoliłem pracowników Citi - FX w Londynie, a nawet prowadziłem seminaria w Hollywood. Życie nocne pozostaje jednak zamkniętym rozdziałem.

Mój czas w Saxo Banku był okresem ogromnej nauki i ostatecznie zrezygnowałem z tej pracy na dobrych warunkach, a dziś kto wie, może nawiąże z nimi współpracę w przyszłości.

Założenie firmy od zawsze było moim marzeniem i mając już pewne oszczędności, wyruszyłem w samodzielną podróż.

OD CZEGO ZACZĄĆ

Skalowalność

Pomysł na to co chcesz robić musi być skalowalny. Oznacza to, że Twoja firma może obsłużyć zamówienie na 1000 jednostek z prawie taką samą łatwością jak na 100. Liczby tutaj są oczywiście przypadkowe, ale chodzi o to, że Twoja firma powinna być w stanie się rozwijać bez konieczności stosowania stosunku 1:1, czyli żebyś dla 10 zamówień nie potrzebował 10 pracowników.

Jaki jest sekret Saxo Banku? Opanowali sztukę skalowania.

Czy Twój pomysł jest skalowalny? Nie możesz od tego uciec, gdyż jeśli nie będziesz w stanie skalować swojego pomysłu, to po prostu stworzyłeś pracę, a nie biznes. Nie mając właściwego rozwiązania, zachowaj swoją codzienną pracę, dopóki nie będziesz mieć planu.

Moja firma GCMS zaczęła działać jako jednoosobowa działalność gospodarcza w UE, a personel na Karaibach kierował operacjami i zapleczem. Zaczęliśmy od prowadzenia seminariów, które są formą skalowania. Seminarium pozwala mi na obsługę wielu klientów jednocześnie. Uczenie ich jeden na jednego nie jest opłacalne, chyba że znajdziesz się w sytuacji, w której każdy klient płaci grube tysiące dolarów i masz ich mnóstwo.

Przeanalizuj swój pomysł i pomyśl jak możesz go rozpowszechniać, aby nie trzeba było angażować się w niego 24 godziny na dobę, 7 dni w tygodniu. Jednym z najłatwiejszych sposobów skalowania jest zatrudnianie pracownika lub zatrudnianie doradców opłacanych za wyniki. Są oni w stanie skalować Twój pomysł szybciej niż Ty sam. Osoby te mają również sieci, które można wykorzystać dla dobra wszystkich. W przypadku GCMS jeden konsultant w naszym zespole miał wiele kontaktów z mediami i uczelniami. W początkowej fazie dostęp do wolnych mediów był dla nas ogromnym błogosławieństwem (więcej o tym później).

Pomyśl o całej fali przedsiębiorców internetowych, którzy przez lata zbijali fortuny, każdy z nich skalował swój pomysł. Strona internetowa działa 24 godziny na dobę, 7 dni w tygodniu, przyjmując zamówienia, kiedy śpisz, jeździsz na nartach lub imprezujesz. Myślę, że to rozumiesz.

Niezależnie od tego, czy jesteś świetnym bankierem, webmasterem, masażystą czy kucharzem, jeśli nie jesteś w stanie rozpowszechniać swoich pomysłów bez większego osobistego zaangażowania, zachowaj pracę i oszczędź sobie oraz rodzinie stresu.

Dla przykładu specjalistyczna, ręcznie robiona biżuteria będzie bardzo trudna do skalowania. Szczerze powiedziawszy nie jest to jednak niemożliwy do zrealizowania pomysł, ponieważ jeśli Twoje imię jest wystarczająco znane i możesz sprzedać każdą sztukę za milion euro zysku, skalowanie nie będzie stanowić problemu. Niestety, większość z nas nie ma tak rozpoznawalnej marki, niezbędnej do sprzedaży drogiej biżuterii.

Może się to wydawać proste, ale jest to szalenie ważne, gdyż w przeciwnym razie naprawdę trudno będzie Ci pójść dalej. W oparciu o swoje osobiste doświadczenia w mojej firmie wiem, że wiele części jest skalowalnych, ale nie jest to 100%. To wyzwanie, nad którym również pracuję.

Istnieje wiele praktycznych przykładów tego w prawdziwym świecie, na przykład wiele fast foodów. Jeśli lokalna franczyza przeskoczy z serwowania 100 hamburgerów na 200 hamburgerów na godzinę, nie zatrudnia dodatkowych 100 pracowników.

Dobrą wiadomością jest to, że istnieje wiele pomysłów, które można skalować, zwłaszcza w Internecie. Nie wymagają też one angażowania ogromnych ilości kapitału. Wiele osób zna koncepcję sprzedaży, która świetnie się dla nich sprawdziła, ponieważ mają stronę sprzedającą produkty 24 godziny na dobę z automatycznym systemem rozliczeniowym. Dlatego 100 zamówień lub 1000 wymaga takiego samego wysiłku.

W mojej firmie GCMS żyjemy tymi zasadami, skalując nasze elektroniczne przewodniki. Na stronie internetowej jesteśmy otwarci na zamówienia przez 24 godziny na dobę, 7 dni w tygodniu i są one przetwarzane beze mnie siedzącego przy komputerze dzień i noc. Mamy formularz zamówienia, który zawiera potrzebne informacje oraz automatyczną wiadomość e- mail, która zostanie wysłana do zamawiającego.

Na naszych zajęciach możemy uczyć 25-40 osób przy takiej samej ilości instruktorów, zachowując przy tym wymagany poziom jakości.

Skupienie

Wiele razy mówiono, że nie możesz być wszystkim dla wszystkich, a w biznesie jest to bardzo prawdziwe. Próba specjalizacji we włoskim i chińskim jedzeniu w tej samej restauracji to przepis na porażkę (widziałem taką restaurację podczas moich podróży po Ameryce).

Musisz znaleźć obszar, w którym możesz wnieść wartość dla ludzi. Albo w produkcie, albo w usłudze (oczywiście w skalowalnej).

Mam przyjaciela, który jest właścicielem firmy, w której "*specjalizuje się*" w prawie każdym rodzaju sztuki (audio, meble, malarstwo, itp.). Wielokrotnie sugerowałem mu, żeby najpierw znalazł obszar, w którym może się wyróżnić, a następnie przedstawi klientom inne rzeczy, w których jest dobry. Spędził już 10 lat w swoim biznesie i nie wyniósł go ponad status hobby, jeśli chodzi o przychody.

Trudno jest znaleźć przykłady firm, które odniosły sukces, próbując od początku zdobyć wiele rynków. Większość z nich na początku uzna, że jeden region, produkt lub usługa będzie dobra, a następnie z czasem wypuści inne usługi.

Z mojego doświadczenia z GCMS wynika, że dopiero po tym jak zaczęliśmy się koncentrować na jednym, zaczęliśmy dostrzegać lepsze wyniki. Na początku byliśmy wszędzie, próbując zaspokoić wszystkie rynki. Ucz się z moich zmarnowanych wysiłków, pieniędzy i czasu, musisz się skoncentrować, skoncentrować i jeszcze raz skoncentrować.

Sukces naszego programu Trading Diploma dał nam impuls, abyśmy byli widziani przez osoby spoza rynku uniwersyteckiego. Uczymy na najlepszych uczelniach, ale spora część naszych uczestników to nie studenci. Pomogli nam dotrzeć pocztą pantoflową do społeczności zawodowej.

Ten elektroniczny przewodnik jest kolejnym przykładem naszego skupienia. Wierzę, że istnieje rynek ludzi, którzy chcą się czegoś nauczyć, przechodząc od razu do sedna. Nie jestem profesorem uniwersyteckim, ale mam praktyczne doświadczenie, którym można się podzielić bez konieczności studiowania przez całe życie. Dlatego tworzę poradniki, które są praktyczne i można je przeczytać w ciągu kilku minut lub kilku godzin. Zaletą jest to, że można je natychmiast wykorzystać jako praktyczne materiały referencyjne. Gdy nasz program dyplomowy odniósł sukces, mogliśmy wydać elektroniczny przewodnik, usługi CV, itp.

Niech o Tobie Mówią

To, że ludzie mówią o Tobie lub Twojej firmie, jest kluczem do zysków na dłuższą metę, nawet jeśli miałoby to oznaczać zarabianie mniej pieniędzy na początku. Przykładem GCMS jest klasyczny, podstawowy marketing szeptany. Jesteśmy właścicielami naszych treści, ale niestety nie mieliśmy milionów do wykorzystania na reklamy.

Skupiliśmy się najpierw na dostarczeniu dobrego produktu, który ludzie chcieliby udostępnić i polecić swoim znajomym. Pierwszym krokiem, jaki zrobiliśmy, było nawiązanie współpracy z grupami, które miały dostęp do dystrybucji. Naszym początkowym partnerem był Karaibski University College. Dali nam dostęp do specjalistów od finansów z regionu, co pozwoliło nam uniknąć konieczności wydawania pieniędzy na marketing.

Naszym kolejnym partnerem było Finance Lab w Kopenhadze, które było w stanie połączyć nas ze studentami uniwersytetów, początkowo w Kopenhadze, a później w całej Danii. Powiązania te zapewniły nam natychmiastową dystrybucję i sprawiły, że ludzie zaczęli o nas mówić. Nic nie dzieje się z dnia na dzień. Na początku wszystko zajmuje trochę czasu, ale kiedy nabierze się nieco rozmachu, rzeczy naprawdę zaczynają nabierać szybkości. Jest to podstawowa technika, którą powielamy z wieloma grupami, która doprowadziła nas do bardziej organicznego rozwoju naszej firmy, lecz wymaga ona czasu. Oczywiście nasza usługa musi dostarczać wartość dla klientów, w przeciwnym razie żadna grupa, powiązania ani marketing nie będą w stanie Cię uratować na dłuższą metę.

Dostanie się do prasy i artykuł o Tobie, to najlepszy sposób, aby natychmiast zwrócić na siebie uwagę. Po ukazaniu się kilku artykułów o GCMS w kilku gazetach odwiedziny naszej strony wzrosły o ponad 400%.

Jedyną rzeczą, która na początku była całkowitą stratą czasu i pieniędzy okazała się próba reklamowania się w gazetach, tworzenie reklam internetowych, itp. Posłuchaj mnie i wielu innych, którzy popełnili ten głupi błąd... oszczędzaj pieniądze na inne rzeczy. Tak zwani *"profesjonaliści"* i guru od marketingu internetowego powinni umieć pokazać Ci biznes, który prowadzą, używając technik, które Ci proponują. Więcej o tych osobach powiem w dalszej części przewodnika.

Seth Godin, autor książki *'Fioletowa Krowa'*, podkreśla, że najważniejsze w mówieniu o Tobie jest pomaganie ludziom w osiąganiu ich celów, tak aby z biegiem czasu mieli żywotny interes w pomaganiu Ci w osiągnięciu Twoich celów. Z praktycznego doświadczenia mogę potwierdzić, że jest to prawda.

Trzymając się tego co głoszę, omówione zostaną tutaj tylko te rzeczy, które zrobiłem, a które faktycznie zadziałały dla GCMS lub które widziałem, że działały dla innych. Na końcu przewodnika podane są moje dane kontaktowe, więc możesz do mnie napisać, a ja omówię i zweryfikuję wszelkie moje sugestie.

Dobrzy Ludzie

Na początku najważniejsze jest otoczenie się zdolnymi i pozytywnymi ludźmi. Rozpoczęcie biznesu, powiedzmy sobie to wprost, jest trudne, nawet jeśli masz "*idealny*" pomysł. Posiadanie ludzi, którzy bez obaw powiedzą, co należy powiedzieć, jest cenniejszym prezentem niż pieniądze. Darmowa, lecz bezcenna rada, którą podzielili się ze mną moi dobrzy przyjaciele i nasza rada doradcza, były świetne.

Bez litości wyeliminuj wszystkich negatywnych ludzi. Nie myl tego z konstruktywną krytyką. Moja zasada w stosunku do ludzi jest taka, że jeśli krytykujesz, musisz mieć alternatywną sugestię. Mówienie "*Twoja strona jest do kitu*" jest bezużyteczne, chyba że masz konkretną sugestię, jak ją ulepszyć. Jeszcze lepiej, zaimponuj mi swoją stroną internetową, która zawiera wszystkie funkcje, które sugerowałeś, a których brakuje na mojej.

Bliskie mi osoby, które prawdopodobnie najbardziej skorzystałyby na wynikach założonej przeze mnie firmy, zamiast być w kolumnie wsparcia, marnowały swój czas i mój na wszystko co negatywne. Ostrzeżenie dla początkujących przedsiębiorców jest takie, że jesteś zdany na siebie. Szczerze mówiąc, uratowanie Twojej firmy nie jest zadaniem Twoich przyjaciół ani rodziny. Jeśli pomagają, to świetnie, ale moim zdaniem nie mają Ci obowiązku pomagać, lecz na pewno powinni Ci nie przeszkadzać i nie być utrapieniem.

Sfera Mentalna

Nigdy się nie poddawaj. Jak słusznie powiedziało kilku mądrych ludzi, albo poddajesz się na początku, albo musisz jechać do końca. Za każdym razem, gdy zamierzasz dokonać zmiany w swoim życiu, na przykład zakładając firmę, powinieneś spodziewać się turbulencji, gdyż jest to część tego procesu.

Mówiąc jak najprościej, jeśli zrezygnujesz w połowie drogi to poświęcisz czas, pieniądze i wysiłek, nie uzyskując żadnych korzyści. W moim przypadku bywały gorsze dni, było ich wiele, ale wiara w siebie i mój pomysł trzymały mnie w tym biznesie. Nie poddając się, zauważysz, że z czasem opozycja (negatywne osoby i myśli) zniknie. A tendencje autodestrukcyjne, które wielu z nas ma, ulegną osłabieniu.

Ta mentalna dyscyplina musi być ćwiczona i rozwijana. Twój stan psychiczny jest na początku najważniejszym elementem. Wiele osób, rozmawiając o założeniu firmy, skoncentruje się na biznesplanie i przeoczy plan na wzmocnienie swojej mentalności. Nie popełnij tego błędu.

W drodze do celu pamiętaj, że tylko dlatego, że coś nie potoczyło się dokładnie zgodnie z harmonogramem, nie jest to oznaką porażki. Dla wielu sukces przyszedł po momencie, w którym wszyscy myśleli, że wszystko jest już stracone. Moja historia nie jest aż tak dramatyczna, ale wszystko zaczęło się zmieniać na lepsze po tym jak wyznaczyłem termin, po którym firma miała zacząć działać z zyskiem.

Aby rozpocząć, musisz zadać sobie dwa pytania i uzyskać na nie bardzo dobre odpowiedzi:

1. Czy boisz się popełniać błędy?

Zrobisz ich dużo, więc jeśli jest to dla Ciebie problematyczny obszar, przed rozpoczęciem biznesu, zasięgnij porady psychologicznej.

2. Jak daleko jesteś w stanie się posunąć, aby zrealizować swój pomysł do końca?

Rozpoczęcie działalności przetestuje Cię w każdy możliwy sposób, więc bądź na to przygotowany.

Konkretne rzeczy, które zrobiłem, aby dalej dobrze funkcjonować pod kątem psychicznym:

Ćwiczenia

To najlepszy haj na świecie. Po ciężkiej sesji na siłowni mam energię fizyczną i psychiczną do walki. Wybierasz sport, w którym poruszasz swoim ciałem. Wiele ostatnich badań wskazuje, że jedną z niewielu rzeczy, które zwiększają moc mózgu, są ćwiczenia. Wierzę w to.

Pisanie

Pisanie dało mi możliwość oderwania myśli od biznesu na kilka godzin za każdym razem, gdy się tego podejmowałem. Jest to również świetny sposób, aby nauczyć się układać myśli w jakąś strukturę.

Czytanie

W pierwszym roku działalności firmy często latałem między Ameryką Północną a Europą, co dawało mi wiele wolnych godzin. Czytanie historii o tym jak inni pokonywali przeciwności losu, było dla mnie wielką pomocą psychiczną. Chociaż wszystkie nasze historie są wyjątkowe, to podobne do naszych wyzwania stanęły przed innymi i warto się od nich uczyć. Zaoszczędzi Ci to dużo czasu na próby i błędy. Jak wspomniano wcześniej, ucz się od tych, którzy dokonali tego czego Ty chcesz dokonać, a teorię zachowaj dla sal wykładowych.

CZEGO NIE POWIEDZĄ CI DORADCY

Dochód

Niedawno przeczytałem artykuł, w którym pisano, że posiadanie zbyt dużej ilości pieniędzy w trakcie zakładania firmy jest niebezpieczeństwem. Idea ta wydaje się słuszna, aczkolwiek spałbym lepiej, gdybym miał więcej na początku.

Przygotuj się na wahania dochodów, które potrafią wystraszyć każdego właściciela. Na początku może wcale ich nie być. W moim przypadku nie było dodatniego dochodu w pierwszym roku działalności. Znaczy to, że były przychody, ale wydatki je przewyższały. Potem, kiedy pojawią się zyski, można doświadczyć wielu skoków, aż sytuacja się ustabilizuje.

Jak sobie z tym poradziłem? Wykorzystałem trochę moich oszczędności i zwróciłem się do aktorstwa oraz pozowania. Miałem szczęście, że przez wiele lat pozowałem. Duński Teatr Królewski wezwał mnie do drugoplanowej roli w sztuce i skorzystałem z okazji.

Nie zarobiłem na tym mnóstwa dolarów, ale pokryło to wiele moich wydatków.

Każdy potencjalny właściciel firmy, szczególnie Ci z ograniczonymi środkami, powinien mieć w głowie sposób na generowanie pieniędzy na przetrwanie, dopóki Twoja firma nie zacznie na siebie zarabiać. Nie ma wstydu w przewracaniu hamburgerów, jeśli to utrzymuje Twój dach nad głową. Sam znasz przecież wiele historii o ludziach śpiących na kanapach swoich przyjaciół przez wiele miesięcy w gorszych czasach, więc bądź na to przygotowany.

Żyjemy w cudownych czasach, w których założenie firmy dzięki internetowi nie wymaga dużego kapitału. Jednak obniżenie bariery wejścia oznacza również wzrost konkurencji.

Wydatki

Pilnuj ich, ponieważ mogą być cichym zabójcą. Jeśli zatrudniasz personel, potrzebna jest kolejna warstwa czujności. Nie dlatego, że ludzie Ci mają złe intencje, ale bardziej prawdopodobne jest, że nie inwestują tyle samo w firmę co Ty. W niektórych przypadkach prowadzi to do tego, że bywają o wiele bardziej swobodni wobec sprzedawców, niż Ty byś tego chciał. Na przykład zamówią więcej niż to, co jest potrzebne lub coś, co po prostu nie jest potrzebne.

Znajomi - Życie Prywatne

Przygotuj się na samotność. Przygotuj się na samotność. To nie literówka, chcę mieć po prostu pewność, że to zrozumiesz. Jeśli masz problem z samotnym spędzaniem czasu, zachowaj swoją codzienną pracę i wróć do domu do swojej rodziny.

Twoi "*przyjaciele*" w większości przypadków znikną szybciej, niż byś to sobie mógł wyobrazić. Przygotuj się na osoby, które mówią "*możesz na mnie liczyć*", "*zadzwoń, jeśli czegoś będziesz potrzebować*", ich zwyczajnie nie będzie. Zapomnij o tym, 98% nie czuje tego co mówi.

Twoi prawdziwi przyjaciele, Ci nieliczni, którzy pozostali (2%), choć niesamowici, nie mogą tego zrobić za Ciebie i nie jest to również ich odpowiedzialność.

Jeśli chodzi o rodzinę, nie oczekuj też zbyt dużego wsparcia. W moim przypadku mój brat był pierwszym zwolennikiem mojego pomysłu i jestem mu wdzięczny za wspieranie mnie od samego początku.

Dla tych, którzy są w związku małżeńskim, oczywiście musisz mieć 100% poparcia od współmałżonka lub przygotować się na turbulencje w domu.

Samotnie poświęcisz wiele godzin, a w niektórych przypadkach dni, kiedy poczujesz, że to wszystko jest stratą czasu, lecz tak naprawdę rozgoryczenie i smutek to strata czasu. Użyj wyżej wymienionych narzędzi, aby sobie z nimi poradzić. Ćwiczenia są moimi ulubionymi zajęciami i robią cuda dla Twojej samooceny.

Twoje życie prywatne ucierpi. W zasadzie nie miałem żadnej randki od ponad roku. Byłem z tego bardzo zadowolony, ponieważ dało mi to szansę na skupienie się. Muszę jednak przyznać, że byłoby wspaniale mieć partnerkę w tym procesie, z którą mógłbym się podzielić niektórymi chwilami. Jestem pewien, że niektórzy z moich przyjaciół prawdopodobnie zaczęli się o mnie martwić, ale radziłem sobie dobrze. Ci z was, którzy mają dziewczyny/chłopaków, bądźcie bardzo ostrożni. Jeśli kiedykolwiek miałoby wystąpić ryzyko, że się rozstaniecie, to właśnie przez to.

Doradcy

Uciekaj od tych klaunów, jakby od tego zależało Twoje życie, chyba że sami zrobili to co Ci doradzają. Nie chcę przesadzać, ale większość doradców jest absolutnie bezużyteczna. Przychodzą z mnóstwem wykresów, slajdów w prezentacji i wszystkich idiotycznych, modnych słów, ale jeśli chodzi o wyniki (jedyne, co się liczy), często ich brakuje.

Miałem szczęście spotkać kilku dobrych ludzi w branży i chętnie dzielę się ich usługami z innymi, ponieważ wiem, że Ci ludzie są w stanie przynosić innym wyniki.

"Eksperci" od marketingu internetowego

Doradcy są ryzykowni, a Ci z Internetu są najgorsi. Zapomnij o nich. Współpracuj tylko z tymi, którzy prowadzili biznes, który przyniósł/osiąga zysk. Zignoruj wszystkie bzdury związane z prowadzeniem kampanii reklamowych, jeśli jesteś właścicielem małej firmy.

Najlepszym sposobem na promocję jest sprawienie, aby o Tobie mówiono. Zdecydowanie najlepsza jest poczta pantoflowa. Ci *"zawodowcy"* będą Ci próbowali powiedzieć inaczej, ale mogę potwierdzić z prawdziwego doświadczenia biznesowego, że jest to sposób na zbudowanie biznesu, który przetrwa wiele turbulencji. Jeśli Twoim celem jest tworzenie nowego biznesu co kilka miesięcy, może to nie być dla Ciebie strategia, ponieważ zbudowanie solidnego biznesu wymaga czasu. Wróć i przejrzyj omówione przeze mnie wcześniej techniki korzystania z partnerów, którzy mogą zapewnić Ci dostęp do szerszej dystrybucji.

Wszelkiego rodzaju konsultanci muszą być w stanie pokazać przykłady tego, w jaki sposób ta wiedza lub błyskotliwość, którą twierdzą, że posiadają, pomogły innym lub im samym. Najlepiej w tym samym lub pokrewnym sektorze, w który chcesz wejść.

Innym przykładem będzie firma doradztwa podatkowego, którą prowadził mój ojciec z naszego rodzinnego domu w Nowym Jorku, której nie skalował. Jak ją zbudował? Skalował swoją *"reklamę"*. Mój ojciec przez ponad 20 lat działalności nigdy nie wydał ani dolara na reklamę. Jego klienci zasypywali go poleceniami (ze względu na doskonałą obsługę i godziwą cenę), więc zdarzało się, że często nie brał nowych klientów z powodu ich nadmiaru. O dziwo zostało to zrobione bez Internetu i jakichkolwiek *"guru od marketingu"*.

Nie ma sprzeczności w tym co mówię, mój ojciec był zmuszony do odrzucenia klientów. Było tak dlatego, że nie skalował biznesu, choć dobrze radził sobie finansowo, lecz nie mógł go dalej rozwijać. Oczywiście rozwiązaniem dla niego było umieszczenie niektórych usług w Internecie i zatrudnienie personelu do pomocy w niektórych rutynowych kwestiach.

POZOSTAŁE PRAKTYCZNE ZAGADNIENIA

Biznesplan

Większość książek lub doradców każe Ci go stworzyć, a banki będą go wymagać. Ja mam na to bardzo osobisty pogląd. Zaplanowanie oczywiście nie boli i może się przydać, ale lepiej jest po prostu zacząć biznes. W przeciwnym wypadku spędzisz resztę swojego cennego życia czekając na *"idealny"* moment. Zaufaj mi, spotkasz tych niespełnionych klaunów z ich radą czekania na ten magiczny moment. Zbadaj ich życie i zazwyczaj nie osiągnęli zbyt wiele po ukończeniu szkoły podstawowej. Wielu z nas ma niesamowite pomysły, ale ponieważ boimy się porażki, nawet nie próbujemy.

Polecam analizę SWOT, nawet jeśli nie zamierzasz stworzyć 50- stronicowego biznesplanu (który niewielu faktycznie czyta). Dla tych, którzy nie kończyli żadnej biznesowej szkoły, SWOT to skrót od Strength, Weakness, Opportunities, Threats czyli mocne strony, słabe strony, możliwości o zagrożenia. To dla Ciebie świetne zderzenie z rzeczywistością, a nie dla banków czy Twoich znajomych.

Jak głosi powiedzenie, "*myśl na dużą skalę, ale zacznij na małą*", jest to droga dla wielu, chyba że masz bardzo głębokie kieszenie. Nawet jeśli masz dużo środków do rozdysponowania, to sugerowałbym rozpoczęcie od małych rzeczy.

Kwestie Prawne

Uzyskaj wszystkie niezbędne zezwolenia, żeby nie wpędzić się w żadne kłopoty. Dobrze jest je mieć, gdy będziesz szukać finansowania. Niektórzy twierdzą, że powinieneś również mieć w swoich szeregach adwokata, znającego się na prowadzonym przez Ciebie biznesie. Jeśli jest to spółka osobowa lub trzymasz pieniądze ludzi do tradingu, to warto mieć prawnika. Jeśli masz dobry, skalowalny pomysł, z którym czujesz, że dasz sobie radę, to jego się trzymaj. To jest dopiero początek i będziesz musiał po prostu poradzić sobie z pojawiającymi się rzeczami, gdyż magiczny moment nie istnieje.

Adwokat może być opcjonalny, lecz księgowy nie, musisz go mieć. Nasz księgowy zaoszczędził nam tysiące dolarów i pozwolił nam być ze wszystkim na bieżąco. Przyznaję, iż jak większość właścicieli firm, nie przepadam za tym aspektem prowadzenia biznesu, lecz trzeba się nim zająć. Na szczęście są miliony ludzi na świecie, którzy lubią zajmować się podatkowymi zawiłościami i ich przestrzegać.

Kontakty z Bankami

To kolejny potencjalny obszar rozczarowania. Z opowieści grozy, które słyszałem od innych właścicieli firm, często zastanawiam się, jakiemu celowi służą banki.

Muszę powiedzieć, że rozpocząłem działalność w prawdopodobnie najgorszym momencie we współczesnej historii finansów, czyli jesienią 2008 roku. Nawet z doskonałą historią kredytową, pieniędzmi w banku i byciu wieloletnim klientem, szybko odmówiono mi kredytu biznesowego. W innych bankach nawet nie chcieli ze mną rozmawiać. Chcieli mieć coś pewnego, a założenie firmy jest od tego dalekie. Starałem się nie brać tego do siebie, gdyż nie powinienem, ale to co musiałem przełknąć miało gorzki smak.

Jeśli potrzebujesz pożyczki to spróbuj ją dostać. To, że ja jej nie dostałem nie znaczy, że Ty jej nie otrzymasz.

Oferowanie Twoich Usług Za Darmo

Zapomnij o tym! Nawet jeśli pobierasz tylko dolara, to lepsze to niż praca za darmo. Ludziom trudno jest docenić darmowe usługi, a gdy próbujesz pobierać opłaty za to, co było wcześniej darmowe, robi się bałagan. W pewnym momencie rozważałem oddanie za darmo mojego pierwszego elektronicznego przewodnika, ale nic mi to nie przyniosło. Zacząłem je sprzedawać, a ludzie zaczęli kupować.

Oferta Płatności w Ratach

Nie warto. Oferowanie płatności w ratach może sprawić, że Twoja młoda firma stanie się zakładnikiem wszelkiego rodzaju klientów prywatnych i korporacyjnych. W GCMS mieliśmy kilka nieprzyjemnych doświadczeń z kilkoma prywatnymi klientami, więc wróciliśmy na płatności z góry, dzięki czemu nasze problemy zmalały.

Partnerzy

Podobnie jak w przypadku współmałżonka, dobieraj ich ostrożnie. Moje dotychczasowe doświadczenia z partnerami są całkiem dobre. Należy tutaj pamiętać o tzw. przedsiębiorcach seryjnych. Ponieważ ich poziom zaangażowania może być wątpliwy, pracuj z ludźmi, którzy chcą iść na całość z Tobą i dla Ciebie.

Bądź szczególnie ostrożny z tymi, z którymi dzielisz się swoimi pomysłami. Niestety miałem nieprzyjemne doświadczenie w udostępnianiu kluczowego komponentu GCMS niektórym potencjalnym partnerom biznesowym. Wspomnieli, że mój pomysł, choć dobry, nie sprzeda się. Następnie miesiąc później uruchomili biznes oparty na moim pomyśle, który, jak powiedzieli, nigdy nie zadziała.

Prawna sugestia:

Jeśli masz świetny pomysł, zapisz go i wyślij do siebie pocztą. Data na znaczku może okazać się kluczowa w sporach dotyczących własności intelektualnej, ponieważ TY będziesz w stanie udowodnić, że wpadłeś na pomysł jako pierwszy... Pamiętaj tylko, aby koperta była zapieczętowana. W razie potrzeby przyklej karteczkę samoprzylepną z opisem co zawiera przesyłka.

Informatyka

Jest to moja słaba strona, więc konsultowałem się w tej kwestii z innymi. Posiadam kopię zapasową wszystkich danych na wielu komputerach, a także online. Wszystko, czego potrzebujesz, to jedna utrata danych, aby nauczyć się niezbędnej lekcji. Skorzystaj z mojego doświadczenia i często twórz kopie zapasowe.

Sugeruję również, aby na czas podróży daleko od domu wziąć ze sobą dwa laptopy. Miałem sytuacje, w których komputery odmawiały posłuszeństwa lub połączenia z projektorami i nagle przestawały działać. Posiadanie dodatkowego laptopa okazało się moim wybawieniem.

Strony Internetowe

Twoja strona musi mieć CMS (System Zarządzania Treścią). Pozwoli Ci to na samodzielne aktualizowanie większości strony, eliminując potencjalny obszar wąskiego gardła. CMS zapewnia również dostęp do danych o ruchu na stronie (kto odwiedził, skąd, język strony, jakie strony były przeglądane, itp.). Może Ci to pomóc w opracowaniu strategii marketingowej.

Media Społecznościowe

Jest to trudny temat. Jeśli planujesz prowadzić klub nocny, biznes DJ-ski, kawiarnię, itp. to Facebook czy Twitter mogą być pomocne. Ale jak wspomniałem, uważaj na tych *"guru"* mediów społecznościowych, którzy mówią Ci, że musisz być wszędzie. Jedyną usługą, która zapewnia pewną wartość, jest Linkedin.

Jest tam więcej profesjonalizmu i unikasz głupoty innych mediów społecznościowych oraz spamowania.

Sugeruję, aby właściciele firm skupili się na osobistych spotkaniach z potencjalnymi kontrahentami. Następnie możesz kierować ludzi do swojej strony. Poczta pantoflowa jest nadal potężna nawet w XXI wieku.

Pamiętaj o elementach, o których wspomniałem na początku. Skup się i spraw, aby o Tobie mówiono. Masz tylko 24 godziny na dobę, więc musisz skupić się na jednym medium, aby uzyskać z niego najlepszy zwrot za swój czas i włożony w niego wysiłek.

Z JAKIM RODZAJEM BIZNESU WYSTARTOWAĆ

Zdecydowanie sugeruję przemyślenie pomysłów biznesowych, które nie wymagają dużej przestrzeni fizycznej. Celem jest uniknięcie konieczności wynajmu powierzchni i wszystkich związanych z tym wydatków, na przykład dodatkowych rachunków za media. Żaden rodzaj restauracji, sklepu odzieżowego, itp. nie jest zalecany dla potencjalnego właściciela firmy o niskim budżecie.

Unikaj chęci podążania za głupimi trendami danej chwili. Skoncentruj się na skalowalnych pomysłach biznesowych, które przynoszą ludziom praktyczne korzyści w rozsądnej cenie.

E-Booki

Jeśli masz praktyczne informacje, którymi możesz się podzielić z ludźmi, to jest to dobry element zaczepienia. Ludzie zapłacą za cenne informacje, które będą mogli stosunkowo szybko wykorzystać.

Gdy Twoja książka będzie gotowa, możesz ją przesłać na niektóre platformy z książkami elektronicznymi, aby zwiększyć sprzedaż. Ja skorzystałem też ze sprzedaży książek bezpośrednio z mojej strony internetowej. Moje książki są jednak nadal dostępne w sprzedaży na kilku platformach do e-booków, ale większość sprzedaży pochodzi z moich stron internetowych.

Webinary - Zajęcia Online

Prowadząc płatne webinary i zajęcia online, ludzie płacą za dostęp do Twojej wiedzy. Uczyłem ludzi na całym świecie i jest to dochodowe oraz wysoce satysfakcjonujące. Poczujesz satysfakcję wiedząc, że pomogłeś komuś rozwiązać problem lub otworzyłeś przed nim nowe możliwości.

Doradztwo

Ludzie zapłacą za Twoją wiedzę, jeśli potrafisz wykazać, w jaki sposób Twoja wiedza i umiejętności przyniosą im praktyczne korzyści. Pracuję z ludźmi nad praktyczną edukacją na temat rynków kapitałowych i wprost opowiadam o realiach zakładania biznesu z ograniczoną gotówką.

NASTĘPNY KROK

Gdy Będziesz Gotowy, Aby Zacząć - Napisz Do Mnie

Mam szczerą nadzieję, że ten praktyczny i krótki przewodnik okazał się dla Ciebie bardzo przydatny. Zdaję sobie jednak sprawę, że elektroniczny przewodnik ma pewne ograniczenia. Dla tych, którzy chcieliby więcej praktycznego coachingu, proszę o kontakt pod adresem: gcmsonline.info. Mamy też czat na żywo, na którym ja lub moi współpracownicy odpowiadamy bezpośrednio na Twoje wyzwania biznesowe.

ANALIZA SWOT

Ta analiza SWOT może być wykorzystana jako odniesienie. Użyłem jej w pierwszym roku działania mojej firmy. Kilka szczegółów pozostaje tajemnicą, ale wiele z tego, co przeanalizowałem na początku działalności GCMS nadaje się do ponownego wykorzystania.

Lokalizacja Siedziby

Siedziba firmy znajduje się w Kopenhadze.

Analiza SWOT

Mocne Strony

- **Zarządzanie**: Nasza kadra kierownicza ma międzynarodowe doświadczenie i wysokie kwalifikacje w swojej konkretnej dziedzinie.

- **Kompetentny personel**: Nasi konsultanci są jednymi z najlepszych w branży.

- **Jasna wizja potrzeb rynku**: GCMS zna swoich potencjalnych klientów (prywatni traderzy, duże i średnie instytucje finansowe)

Słabe Strony

- **Finansowanie**: Wstępny przegląd wydatków sugeruje, że GCMS pozostanie stabilny finansowo. Jednak nieprzewidziane wydatki lub słaby napływ kapitału ze sprzedaży mogą zagrozić pozycji gotówkowej GCMS, która będzie szczególnie wrażliwa w pierwszym roku.

- **Ograniczony personel**: Mimo, iż personel GCMS jest wyjątkowy, w pierwszym roku będą pracować wiele godzin za niewielkie wynagrodzenie.

Możliwości

- **Wzrost na rynku:** Rosnący trend w branży finansowej i ogólnie rozwijających się rynkach zwiększy liczbę potencjalnych klientów na nasze usługi. Po uzyskaniu stabilności GCMS skoncentruje się na rozszerzaniu naszych rynków.

- **Potencjał do międzynarodowego rozwoju**: Gdy GCMS ugruntuje swoją pozycję i zyska stabilność finansową, może zacząć sprzedawać swoje usługi w różnych krajach się rozwijających. GCMS rozpoczął tę kampanię i już jesteśmy fizycznie obecni na trzech kontynentach. Będziemy dodatkowo dywersyfikować nasze działania komunikacyjne przez Internet.

- **Potencjał, aby stać się czołowym dostawcą**: GCMS ma nie tylko kierownictwo i personel, ale także ma skalowalną strategię, na podstawie której można zbudować zrównoważoną platformę dla owocnego wzrostu.

Zagrożenia

- **Lokalna konkurencja**: Nie ma innego dostawcy naszych usług w Kopenhadze lub na naszych docelowych rynkach, który specjalizuje się w tym, co robimy.

- **Wschodzący lokalni konkurenci**: Obecnie GCMS ma przewagę na lokalnych rynkach wynikającą z bycia pierwszym graczem. Jednak konkurenci mogą być na horyzoncie, a my musimy być przygotowani na ich wejście. Wiele naszych programów opiera się na wiedzy i <u>osobistych</u>

kontaktach, które są po prostu <u>niedostępne dla</u> <u>innych</u>.

- **Przepisy, regulacje i zasady**: Wszelkie nowe wymagania prawne, do których GCMS może być zobowiązany się dostosować.

- **Spowolnienie gospodarcze**: Nieprzewidziana lub nieoczekiwana recesja gospodarcza lub tragedie, takie jak 11 września, obniżyłyby nasz dochód.

Wizja

GCMS ma potencjał i planuje stać się czołowym dostawcą edukacji oraz doradztwa w zakresie rynków kapitałowych na całym świecie.

PROFIL AUTORA

Wayne **Walker** jest dyrektorem globalnej firmy zajmującej się edukacją i doradztwem w zakresie rynków kapitałowych (gcmsonline.info). Posiada wieloletnie doświadczenie w szkoleniu i kierowaniu zespołami Doradców Inwestycyjnych oraz zarządzaniu zespołami osiągającymi najlepsze wyniki w Grupie Klientów Prywatnych w oparciu o Benchmark Dochodów (BME). Wayne szkolił traderów programu Citi- FX Pro w Londynie. Opracował również szkolenie *'Trading Rights'* w Saxo Bank, które doradcy inwestycyjni musieli ukończyć zanim zostali dopuszczeni do tradingu. Jest certyfikowanym traderem zgodnie z Dyrektywą Rynków Instrumentów Finansowych (MiFID) UE i posiada kwalifikacje do doradzania najbardziej wymagającym klientom.

Wayne jest często zapraszanym komentatorem rynków kapitałowych w kilku międzynarodowych programach telewizyjnych i radiowych.

Wayne posiada wiele certyfikatów i pracował na następujących stanowiskach:

- Dyrektor-Założyciel, (GCMS) Global Capital Market Solutions, Dania

- Autor *Przewodnika Do Tradingu Opartego o Realia Rynkowe* (wykorzystywany na naszych zajęciach w Copenhagen Business School i innych uniwersytetach w UE)

- Menedżer ds. Sprzedaży i Tradingu, Ameryka Północna i Bliski Wschód, Saxo Bank, Dania

- Licencjat w Dziedzinie Nauk Ścisłych Uniwersytetu Stanu Nowy Jork, Buffalo, USA

- NASD Series 3 - Licencja na Handel i Doradztwo w Zakresie Kontraktów Terminowych na Rynku Amerykańskim

- Certyfikat ACI Dla Dealerów Rynków Finansowych - Zaliczony z Wyróżnieniem (Najwyższy Poziom), Francja

- Szkolenie w Zakresie Oprogramowania do Kwotowania Opcji Walutowych Bloomberga i UBS Banku